LES RESSOURCES INSOUPÇONNÉES DE LA COLÈRE

Marshall B.
ROSENBERG

LES RESSOURCES INSOUPÇONNÉES DE LA COLÈRE

L'approche de la Communication NonViolente®

Traduit de l'anglais par Farrah Baut-Carlier

les Clés de la CNV

JouVence

Du même auteur aux Éditions Jouvence

La Communication NonViolente au quotidien
Les Bases spirituelles de la Communication NonViolente
Nous arriverons à nous entendre !
Être vraiment soi, aimer pleinement l'autre !
L'Art de la réconciliation
Clés pour un monde meilleur
Élever nos enfants avec bienveillance
Enseigner avec bienveillance
Dénouer les conflits par la Communication NonViolente,
entretiens avec Gabriele Seils
Les mots sont des fenêtres (ou des murs)

ÉDITIONS JOUVENCE
Route de Florissant, 97 – 1206 Genève – Suisse
Site Internet: www.editions-jouvence.com
Mail: info@editions-jouvence.com

Catalogue gratuit sur simple demande.

Titre original : *The surprising purpose of Anger*,
by Marshall B. Rosenberg PH.D.

For further information about Nonviolent
Communication on the web at : www.cnvc.org

ISBN : 978-2-88953-904-8

Maquette de couverture : François Lamidon
Couverture : Éditions Jouvence
Mise en pages : SIR
Traduction : Farrah Baut-Carlier

Sommaire

Chapitre 1

Séance de questions-réponses avec Marshall B. Rosenberg

Dans ce livre, Marshall B. Rosenberg présente sa perspective unique à propos du rôle que joue la colère dans nos vies. Il nous met au défi de concevoir cette émotion autrement que comme une réaction à réprimer. Il nous invite plutôt à la voir comme un cadeau qui nous donne l'occasion de nous relier à nos besoins insatisfaits qui sont la cause de cette réaction.

L'auteur révèle les fausses croyances sur la colère et souligne qu'elle est le fruit de nos pensées. Les discussions à ce propos facilitent la compréhension de la Communication NonViolente® (CNV) car elles permettent d'aborder ses nombreuses différenciations clés. Vivre avec l'élan du cœur, observer sans jugement, distinguer entre nos sentiments et nos besoins, formuler des demandes claires et encourager les relations au service de la vie sont autant de façons de réagir face à la colère.

Chapitre 2

Une petite introduction à la Communication NonViolente®

La CNV est née de mon intérêt dans deux domaines. D'abord, je voulais comprendre ce qui pousse certains êtres humains à adopter des comportements violents et abusifs. Ensuite, je tentais de déchiffrer quel serait l'enseignement le plus approprié pour nous aider à rester bienveillant – ce qui, je crois, est notre nature – même lorsque les autres se comportent de façon violente ou abusive.

En explorant ces deux domaines, j'ai découvert que trois facteurs sont indispensables pour comprendre pourquoi, dans des situations similaires, certains d'entre nous se comportent de manière violente alors que d'autres restent bienveillants. Ces trois facteurs sont :

1. le langage que nous avons appris à utiliser ;
2. la manière dont nous avons appris à penser et à communiquer ;
3. les stratégies spécifiques que nous avons apprises pour exercer de l'influence sur nous-mêmes et les autres.

J'en ai conclu que ces trois éléments déterminent largement notre réaction – violente ou bienveillante – face à une situation donnée. J'ai intégré le type de langage, les modes de pensée et les formes de communication qui renforcent notre aptitude à contribuer de plein gré à notre bien-être et à celui des autres dans un processus que j'appelle la Communication NonViolente® (CNV).

La CNV se focalise sur nos besoins, qu'ils soient satisfaits ou non, et tente de trouver des moyens pour les combler. Elle nous propose de nous exprimer de manière à augmenter nos chances de voir les autres contribuer à notre bien-être. Elle nous montre aussi comment faire pour écouter les messages des autres et contribuer ainsi à leur bien-être avec élan.

Chapitre 3

La colère et la CNV

Venons-en maintenant à la gestion de la colère. La CNV nous apprend à utiliser la colère comme une sonnette d'alarme qui nous avertit que notre manière de penser, loin de nous aider à combler nos besoins, nous entraîne plutôt dans des interactions qui ne seront constructives pour personne. Notre formation souligne qu'*il est dangereux de voir dans la colère quelque chose de mauvais ou qu'il faut réprimer.* Si notre tendance est d'interpréter notre colère comme un signe que quelque chose ne va pas chez nous, nous serons amenés à la réprimer sans la regarder en face. Cette réaction de répression ou de négation nous amène souvent à la faire éclater d'une manière qui peut être très dangereuse pour nous-mêmes et/ou les autres.

Vous avez certainement lu de nombreux articles de journaux traitant des tueurs en série. Comment les décrivent ceux qui les ont bien connus ? Souvent, ils disent d'eux : « Il était toujours si gentil ! Jamais je ne l'ai entendu élever la voix. Il ne semblait jamais fâché contre personne. »

En CNV, nous essayons donc d'utiliser la colère pour découvrir les besoins insatisfaits qui sont la cause profonde de cette émotion. De nombreux groupes avec lesquels je travaille aux quatre coins du monde ont vu ce qui se passait quand on apprend aux gens à réprimer leur colère : celle-ci peut alors être utilisée pour les opprimer en les amenant à tolérer tout ce qui leur arrive. Toutefois, je suis aussi mal à l'aise quand certains, en réponse à ce problème, préconisent de cultiver ou « d'évacuer » la colère sans comprendre d'où elle vient, ni d'essayer de la transformer.

Comme l'ont montré certaines études, les programmes de gestion de la colère qui incitent simplement les participants à l'évacuer, par exemple en frappant sur un oreiller, ne font qu'amener la colère plus près de la surface et augmentent la probabilité que ces gens l'expriment plus tard d'une manière dangereuse pour eux-mêmes et pour les autres.

Pour gérer la colère en CNV, nous allons donc entrer dedans plus profondément afin de voir ce qui se passe en nous quand nous sommes en colère, mettre le doigt sur le besoin insatisfait qui la provoque, puis combler ce besoin. Dans mes formations, je compare parfois cette émotion à un témoin qui s'allume au tableau de bord d'une voiture : il vous donne des informations bien utiles sur les besoins de votre moteur. Pas une seconde, vous ne voudriez le cacher, le débrancher ou l'ignorer. Au contraire, vous ralentirez la voiture et vous essaierez de comprendre pourquoi il s'est allumé.

Ça marche, même si je suis seul à le faire

J'ai constaté que si je parviens à rester concentré sur ma colère et sur les signaux d'avertissement qu'elle m'envoie, je reste en lien avec l'autre personne, quelle que soit la manière dont elle communique. Autrement dit, la CNV, ça marche, même si on est seul à l'appliquer.

Il n'est pas trop difficile, ensuite, de garder le cap. Cela peut nous faire peur, car il s'agit de montrer notre vulnérabilité en exprimant sincèrement comment nous nous sentons et ce que nous voulons. Quand les deux interlocuteurs sont formés au processus, le dialogue peut être d'une grande fluidité ; toutefois, la plupart des gens avec lesquels je travaille essaient de nouer ce dialogue avec des personnes qui ne viendront sans doute jamais à un atelier de formation. Il est donc très important que le processus fonctionne aussi avec ceux qui ne sont pas formés à ce mode de communication.

Un aspect sur lequel nous insistons dans nos formations intensives est certainement la manière de rester dans le processus, quelle que soit la façon dont l'autre communique.

À vrai dire, la colère peut être, en quelque sorte, un moyen amusant de plonger plus profondément dans le processus de la CNV, même si c'est une première pour vous. Elle permet d'approfondir de nombreux aspects de celui-ci et fait ressortir les différences entre la CNV et d'autres formes de communication.

La démarche que l'on suit en CNV comporte plusieurs étapes. J'en parcourrai une partie en m'appuyant sur l'exemple d'un jeune détenu suédois, avec lequel j'ai travaillé lors d'une session où j'ai montré comment gérer la colère à l'aide de la CNV.

Chapitre 4

Gérer notre colère en quatre étapes

La première et la deuxième étape

Pour gérer notre colère à l'aide de la CNV, la première étape consiste à prendre conscience du fait que *le stimulus ou déclencheur de notre colère n'en est pas la cause.* Autrement dit, la véritable cause de notre colère n'est pas simplement ce que les autres font, mais ce qui se passe en nous en réaction à ce qu'ils font. Pour en prendre conscience, nous devons distinguer le déclencheur de la cause.

Je reviens à mon détenu suédois. Il se fait que, le jour où nous travaillions sur la colère, ce jeune homme était justement furieux contre les responsables du centre de détention. Il était donc très heureux que nous soyons présents ce jour-là pour l'aider à gérer sa colère. Je lui demandai ce que les responsables de la prison avaient fait pour déclencher cette émotion. Il répondit : « Je leur ai fait une demande il y a trois semaines et ils n'ont toujours pas répondu. »

1 • *Définir clairement le déclencheur, sans y ajouter sa propre évaluation ou son propre jugement.*

Sa réponse correspondait parfaitement à ce que je voulais : il m'avait simplement dit ce qu'ils avaient *fait*, sans aucun jugement.

Voilà la première étape d'une gestion non violente de la colère : définir clairement le déclencheur, sans y ajouter sa propre évaluation ou son propre jugement. C'est déjà un pas important. Quand je pose cette question, on me répond souvent : « Ils n'en avaient rien à faire de moi », ce qui est un jugement moral sur les personnes en question, mais ne dit en réalité rien sur leurs actes.

La deuxième étape nous invite à nous rendre compte de la différence entre le déclencheur et la cause de notre colère : ce ne sont pas simplement les actes des autres qui nous mettent hors de nous, *c'est l'évaluation que nous portons sur ce qu'ils ont fait qui est la cause de notre colère.* Et il s'agit d'un type d'évaluation particulier.

La CNV part du principe que la colère nous gagne parce que notre manière de juger ce qui nous arrive nous coupe de la vie, c'est-à-dire que nous sommes déconnectés de nos besoins ou de ceux des personnes qui nous entourent. Au lieu de nous relier à ces besoins, nous adoptons un mode de pensée moralisateur vis-à-vis des autres (ils ont mal agi ou sont mauvais).

Évaluer les déclencheurs de la colère

Nous pouvons évaluer de quatre façons différentes les événements qui déclenchent la colère dans notre vie.

1. Face à l'absence de réponse de la part des responsables de son centre de détention pendant trois semaines, le détenu aurait pu prendre la situation contre lui et y voir un signe de rejet. Dans un tel cas, il se serait sans doute

senti blessé ou découragé, mais non pas en colère.

2. Une autre possibilité aurait été qu'il cherche en lui-même quels étaient ses besoins. C'est en se concentrant sur ses propres besoins, en les identifiant, qu'on se donne le plus de chances de les satisfaire. S'il avait été en lien direct avec ses besoins, comme il le fera plus tard, il ne se serait pas mis en colère. Il se serait peut-être senti effrayé, ce qu'il s'est d'ailleurs révélé être lorsqu'il mit le doigt sur ses besoins.
3. Nous pouvons aussi nous tourner vers les besoins que l'autre personne essaie de combler par son comportement. Lorsque nous comprenons ainsi les besoins de l'autre, nous ne ressentons pas de colère. En fait, lorsque nous sommes directement reliés aux besoins de notre interlocuteur – au point de les comprendre –, nous ne sommes plus vraiment en lien avec nos sentiments, tant notre attention se porte sur l'autre.

4. La dernière manière d'aborder une situation – *celle qui est toujours à l'origine de notre colère* – est de se dire que *les autres ont eu tort de se comporter comme ils l'ont fait.* La CNV nous invite, chaque fois que nous sommes en colère, à nous dire : « Je suis en colère parce que je me dis que… », puis de réfléchir aux pensées destructrices qui nous trottent dans la tête et qui sont à l'origine de notre colère.

Quand le détenu me dit qu'il était en colère parce que les responsables de la prison n'avaient toujours pas répondu à sa demande après trois semaines, je lui demandai de réfléchir aux pensées qui lui trottaient dans la tête et qui le mettaient en colère.

Il parut désorienté et me dit : « Je viens de vous dire pourquoi je suis en colère. J'ai fait une demande il y a trois semaines et les responsables de la prison n'y ont toujours pas répondu. »

Je lui dis : « Ce que vous m'indiquez là est la situation qui a déclenché votre colère. Lors de nos sessions précédentes, j'ai essayé de vous expliquer que ce n'est jamais le déclencheur seul qui crée notre colère. Ce que nous recherchons, c'est la cause. J'aimerais donc que vous me disiez comment vous interprétez leur comportement, comment vous évaluez la situation ; c'est cela qui provoque votre colère. »

À ce stade, il était tout perdu. Comme beaucoup d'entre nous, il n'avait pas été éduqué à prendre conscience de ce qui se passe en lui quand il est en colère. Il me fallut donc l'aider à comprendre ce que je voulais dire quand je lui demandais de s'arrêter et de réfléchir aux pensées qui le traversent lorsqu'il est en colère.

Après quelques instants, il me dit : « D'accord, je vois ce que vous voulez dire. Je suis en colère parce que je me dis que ce n'est pas juste, que c'est indécent de traiter des êtres humains comme ça. Ils se comportent comme s'ils étaient importants et comme si moi, je n'étais rien. »

Plusieurs autres jugements similaires lui apparurent rapidement. Notez ce qu'il avait dit en premier lieu : il était convaincu que c'était simplement le comportement des autres qui le mettait en colère. En réalité, il s'agissait de toutes les pensées qu'il nourrissait, et n'importe laquelle aurait pu en être la source. Il renfermait donc une multitude de jugements tels que : « Ils sont injustes ; ils ne me traitent pas bien. »

Tous les jugements de ce type sont responsables de notre colère. Après avoir compris cela, il me dit : « En fait, qu'est-ce qu'il y a de mal à penser comme ça ? »

Je répondis : « Je ne dis pas qu'il est mauvais de penser comme cela. J'aimerais simplement que vous soyez conscient du fait que ce sont ces pensées qui sont responsables votre colère, et il est important de ne pas confondre les actions des autres – le déclencheur – avec la cause de votre colère. »

Ne pas confondre déclencheur et cause

Pour bon nombre d'entre nous, il est très difficile de faire la différence entre le déclencheur de notre colère et sa cause. Pourquoi ? Peut-être parce que nous avons été éduqués par des personnes qui utilisent la culpabilité comme un instrument essentiel pour nous motiver à faire certaines choses. Si vous voulez utiliser la culpabilité pour manipuler quelqu'un, il faut que déclencheur et cause soient entremêlés, c'est-à-dire qu'il faut lui inculquer que son comportement est seul responsable de votre souffrance. Autrement dit, son comportement n'est pas simplement le déclencheur de vos sentiments : il en est la cause.

Si, en tant que parent, vous avez l'habitude de recourir à la culpabilité pour amener vos enfants à faire des choses, il se peut que vous disiez des phrases comme : « Ça m'empoisonne vraiment la vie que tu ne ranges pas ta chambre. » Ou, dans votre relation sentimentale, vous pourriez dire à votre partenaire :

« Ça m'énerve que tu sortes tous les soirs de la semaine. »

Remarquez que dans ces deux exemples, celui qui parle laisse entendre à l'autre que le déclencheur est la cause de ses sentiments : cela m'empoisonne la vie que tu…, ça m'énerve que tu…, je me sens… parce que tu…

Si nous voulons aborder la colère avec l'outil de la CNV, il est important que nous soyons conscients de cette distinction essentielle : *je me sens (comme ceci)* parce que *je pense certaines choses qui présument que l'autre a mal agi.* Ces pensées prennent la forme de jugements, comme : « Je pense que l'autre est égoïste, grossier ou paresseux, ou qu'il manipule les gens et qu'il ne devrait pas. »

Ces jugements peuvent être dirigés directement vers notre interlocuteur, ou s'exprimer indirectement au travers de phrases comme : « Il pense qu'il est le seul à avoir des choses intéressantes à dire. » Dans ce genre de propos, nous pensons implicitement que l'autre n'agit pas bien. Si je pense que l'autre est responsable de ce que je ressens, il me sera difficile de ne pas vouloir le punir.

Dans nos formations, nous montrons que la colère n'est jamais provoquée par le comportement des autres, mais par la façon dont nous le percevons et l'interprétons.

Quelqu'un qui suivrait de près mon travail en apprendrait énormément dans ce domaine. J'ai beaucoup travaillé au Rwanda, souvent avec des personnes dont un parent ou un frère ou une sœur s'est fait tuer. Certains sont tellement en colère qu'ils n'ont qu'une idée en tête : se venger. Ils ont la rage au ventre. Réunies dans la même pièce, d'autres personnes ont aussi perdu des membres de leur famille, peut-être même plus, et ils ne sont pas en colère. Ils éprouvent des sentiments très intenses, mais pas de colère. Ils aspirent davantage à trouver des moyens pour que de telles horreurs n'arrivent plus jamais à d'autres et n'ont pas à l'esprit de punir les auteurs de ces horreurs.

Notre formation vise à faire comprendre que ce n'est pas la situation même (le déclencheur) qui génère notre colère, mais la façon dont nous la jugeons. Nous tentons de démontrer aux participants que notre conscience est influencée par le type de langage que nous avons appris – les autres sont mauvais et, d'une manière ou d'une autre, ils sont la cause de nos problèmes. Et que si nous sommes en colère, c'est parce que nous fonctionnons selon cette conscience.

Quand de telles pensées sont présentes chez les participants, nous les invitons ni à réprimer ni à nier leur colère ou leurs pensées, mais à les transformer en un langage qui les relie à la vie, un langage qui leur donnera beaucoup plus de chances de créer des relations pacifiques avec ceux-là mêmes dont les actes ont stimulé leur colère.

Nous voyons tout d'abord comment prendre conscience des pensées intérieures qui provoquent notre colère. Ensuite, nous apprenons comment faire le lien entre le comportement des autres et nos besoins insatisfaits. Enfin, à partir de cette prise de conscience, nous explorons, les différentes manières de recréer la paix entre nous-mêmes et l'autre.

2 • *Prendre conscience que c'est notre évaluation – jugements moraux – qui provoque notre colère.*

Pour exprimer et gérer la colère selon le processus de la CNV, la première étape consiste à identifier le déclencheur de notre émotion et à ne pas le confondre avec notre propre évaluation.

Lors de la deuxième étape, nous prenons conscience du fait que c'est notre évaluation – sous forme de jugements moraux sur les autres – qui provoque notre colère.

Une illustration de la différence entre le déclencheur et la cause de la colère

Un jour, alors que je travaillais dans un centre de rééducation pour jeunes délinquants, je vécus une expérience qui m'a vraiment permis d'intégrer le fait que ce n'est jamais le déclencheur qui provoque la colère. Il s'intercale toujours, entre le déclencheur et le sentiment de colère, un processus de pensée. Deux situations très semblables se produisirent deux jours de suite et déclenchèrent chez moi des sentiments très différents d'une fois à l'autre. Les deux fois, je reçus un coup de coude sur le nez alors que j'essayais de mettre fin à une bagarre entre deux élèves.

Le premier jour, je me suis mis en colère. Le second, alors que mon nez me faisait encore plus mal que la veille, je n'ai pas éprouvé de colère. Alors, pourquoi ai-je réagi par cette émotion le premier jour et pas le lendemain ?

Dans le premier cas, si vous m'aviez demandé juste après l'incident pourquoi j'étais furieux, j'aurais été incapable d'identifier les pensées qui ont provoqué ma colère. J'aurais probablement dit : « C'est évident, non : je suis furieux parce que ce gamin vient de me cogner sur le nez. » Pourtant, ce n'était pas la vraie raison. Après réflexion, il m'apparut très clairement qu'avant même l'incident, je nourrissais de nombreux jugements à l'égard de cet enfant. Notamment, j'estimais que c'était un sale gamin pourri gâté. Je me mis donc en colère dès que son coude frappa mon nez. Mais entre le déclencheur et ma colère quasi instantanée vint en un éclair s'immiscer l'image de ce gamin pourri gâté. Tout cela se passa en une fraction de seconde, mais c'est vraiment cette image-là qui provoqua ma colère. Le deuxième jour, j'avais de l'enfant en question une image très différente : je le percevais comme un être en souffrance plutôt qu'un gamin pourri gâté. Si bien que lorsqu'il me frappa du coude une deuxième fois, je n'ai pas ressenti de colère. Je ressentis une douleur physique, bien sûr, mais l'image qui fusa dans ma tête fut celle d'un enfant en grand besoin de soutien et non celle d'un « gamin pourri gâté », jugement qui avait été à l'origine de ma colère de la veille.

Ces images apparaissent tellement furtivement qu'elles peuvent facilement nous faire croire qu'un événement est la cause de notre colère, alors qu'il en est seulement le déclencheur.

La troisième étape

La troisième étape consiste à rechercher le besoin insatisfait à l'origine de notre colère. Elle part du principe que nous nous mettons en colère parce que nos besoins ne sont pas satisfaits. Le problème vient du fait que nous ne sommes pas reliés à nos besoins. Nous avons le réflexe de faire appel à notre mental qui se focalise sur ce qui ne va pas chez les autres et pourquoi ils sont incapables de combler nos besoins. Les jugements que nous portons sur les autres – qui provoquent notre colère – sont en réalité *l'expression déformée de nos besoins insatisfaits.*

> 3 • *Rechercher le besoin insatisfait à l'origine de notre colère.*

Les jugements

Au fil des ans, j'ai compris que les jugements responsables de notre colère sont une expression déformée de nos besoins insatisfaits et elle me paraît parfois suicidaire et tragique. Plutôt que d'écouter notre cœur pour tenter d'être à l'écoute de nos besoins insatisfaits, nous nous attachons à formuler des jugements moraux sur les autres. Dans ce cas, voici ce qui se passe en général.

Tout d'abord, nos besoins ne sont pas satisfaits car les critiques que nous adressons aux autres ont davantage tendance à les mettre sur la défensive qu'à favoriser l'apprentissage ou la connexion. À tout le moins, elles ne sont pas propices à la coopération. Même si, après avoir reproché à quelqu'un d'avoir eu tort, d'être paresseux ou irresponsable, il fait néanmoins ce que nous lui demandons, il le fera avec une énergie dont nous devrons supporter les conséquences. En effet, lorsque nous sommes en colère après quelqu'un parce que nous portons des jugements sur lui – et que ce jugement s'exprime à travers nos paroles ou notre comportement non verbal –, cette personne réagira en conséquence. Même si elle fait ce que nous lui demandons de faire, elle sera sans doute motivée par la peur d'être sanctionnée ou jugée, par la culpabilité ou par la honte, bien plus que par un élan de compassion pour nous.

Quand nous utilisons la CNV, nous restons conscients à tout moment que les raisons qui motivent les autres à faire quelque chose pour nous sont tout aussi importantes que le fait qu'ils le fassent. En d'autres termes, il importe que nous agissions par notre propre volonté et non parce nous craignons d'être sanctionnés, critiqués, culpabilisés ou exposés à la honte.

Apprendre à exprimer ses besoins

Pour arriver à développer un vocabulaire des besoins, il est essentiel d'être conscient que nous avons des besoins et d'apprendre à les exprimer. En développant notre vocabulaire dans ce domaine, nous arrivons plus aisément à contacter les besoins à l'origine des jugements qui provoquent notre colère. En effet, si nous pouvons exprimer nos besoins clairement, nous augmenterons nos chances de voir les autres répondre à nos souhaits avec élan.

Revenons au cas du détenu suédois. Après avoir déterminé quels étaient les jugements qui provoquaient sa colère, je lui demandai de chercher lesquels de ses besoins étaient insatisfaits. Ce sont ces besoins-là qu'il exprimait au travers de ses critiques à l'encontre des responsables de la prison.

Ce ne fut pas facile pour lui : quand on est habitué à penser que les autres ont tort, il est souvent impossible de voir nos propres besoins. La plupart d'entre nous possédons un vocabulaire très limité pour les décrire. Pour identifier et nommer son besoin, il faut cesser de juger les autres et s'écouter.

Cependant, avec un peu d'aide, il put finalement trouver son besoin et me dit : « Ce dont j'ai besoin, c'est de pouvoir prendre soin de moi en trouvant du travail quand je sortirai de prison. Le but de ma demande aux responsables de la prison, c'était donc de me former pour répondre à ce besoin. Si je ne peux pas suivre cette formation, je ne pourrai pas être indépendant financièrement quand je sortirai, et je finirai par me retrouver ici. »

Je lui dis alors : « Maintenant que vous avez identifié votre besoin, comment vous sentez-vous ? »

Il répondit : « J'ai peur. »

Lorsque nous sommes directement reliés à notre besoin, la colère n'aura *plus jamais* lieu d'être. L'émotion n'a pas été réprimée, mais elle s'est transformée en sentiment au service de nos besoins. Le rôle fondamental des sentiments est de nous orienter vers nos besoins. Le terme *émouvoir* signifie fondamentalement *remuer*, mobiliser ce qu'il y a en nous afin de nourrir nos besoins.

Quand nous avons besoin de nourriture, nous ressentons ce que nous appelons la faim, et cette sensation nous stimule à faire le nécessaire pour satisfaire ce besoin. Si nous nous sentions confortables malgré le fait que nous avons besoin de nourriture, nous risquerions de mourir, parce que nous ne serions pas motivés à combler notre besoin.

Voilà la fonction naturelle des émotions : nous inciter à satisfaire nos besoins. Toutefois, la colère est stimulée par une émotion détournée. Quand nous la ressentons, nous sommes déconnectés des besoins qui constituent une motivation naturelle. Nous ressentons de la colère parce que nous pensons que les autres ont tort ; nous consacrons alors notre énergie non pas à satisfaire notre besoin, mais à critiquer et à chercher à punir les autres.

Après avoir discerné la relation entre ses besoins et ses sentiments, le détenu prit conscience de sa peur. Il vit que sa colère venait de l'idée qu'il se faisait des autres. Je lui demandai alors : « Pensez-vous que vous aurez plus de chances de satisfaire vos besoins si, au moment d'aller parler aux responsables de la prison, vous êtes reliés à vos besoins et à votre peur, ou si vous êtes en colère parce que vous avez la tête pleine de jugements ? »

Il comprit parfaitement qu'il augmenterait nettement ses chances s'il communiquait en étant en résonance avec ses besoins plutôt qu'avec ses convictions que les autres avaient tort.

Dès qu'il vit à quel point son monde serait différent s'il menait sa vie en étant relié à ses besoins au lieu de juger les autres, il baissa les yeux au sol. Je n'avais jamais vu un air aussi triste sur un visage. Je lui demandai : « Que se passe-t-il ? »

Il répondit : « Je ne peux pas en parler maintenant. » Plus tard, ce jour-là, il m'aida à comprendre ce qui se passait en lui. Il vint me voir et dit : « Marshall, si seulement vous aviez pu m'enseigner il y a deux ans ce que vous m'avez appris ce matin sur la colère ! Je n'aurais pas dû tuer mon meilleur ami. »

L'histoire était tragique : deux années auparavant, son meilleur ami avait commis certains actes et le jugement qu'il avait porté sur ceux-ci l'avait mis en rage. Plutôt que de prendre conscience des besoins qui se cachaient derrière sa colère, il était réellement convaincu que son ami en était responsable et, au terme d'une interaction tragique, il finit par le tuer.

Je ne veux pas dire que nous blessons ou tuons quelqu'un chaque fois que nous sommes en colère. En revanche, cette émotion nous coupe de nos besoins. Notre mental prend les commandes ; il nous donne une interprétation de la situation et ne se focalise pas sur nos besoins.

L'étape que je viens de décrire – prendre conscience des pensées à l'origine de notre colère – est capitale. Comme je l'ai dit, le détenu était, au départ, totalement inconscient de toutes les pensées qui le mettaient en colère. Cela vient du fait que notre mental fonctionne très rapidement. De nombreuses pensées nous traversent l'esprit si furtivement que nous ne nous en apercevons pas, et nous attribuons alors notre colère à un événement qui n'en est que le déclencheur.

J'ai évoqué trois étapes dans la gestion de la colère en CNV :

1. Identifier le déclencheur de notre colère, sans le confondre avec notre évaluation de la situation.
2. Identifier l'image ou le jugement qui nous met en colère.
3. Remplacer cette image porteuse de jugement par le besoin qu'elle exprime. En d'autres termes, porter toute notre attention sur le besoin qui se cache derrière le jugement.

Ces trois étapes se déroulent en introspection et en silence : nous n'exprimons rien à voix haute. Nous prenons simplement conscience du fait que notre colère ne résulte pas des actes des autres, mais de l'évaluation qu'on en fait. Puis nous recherchons le besoin qui se cache derrière cette évaluation.

La quatrième étape

La quatrième étape consiste à engager le dialogue avec l'autre, une fois que notre colère est transformée en d'autres sentiments. Ces derniers nous aident à voir le besoin qui se cache derrière notre jugement. Dans notre dialogue, nous communiquerons quatre informations.

1. D'abord, nous indiquons à l'autre ce qui a déclenché notre colère, c'est-à-dire le comportement qu'il a eu et qui n'était pas en accord avec nos besoins.
2. Ensuite, nous exprimons ce que nous ressentons. Remarquez que nous ne réprimons pas notre colère. Celle-ci s'est transformée en un sentiment

comme la tristesse, la douleur, la peur, la frustration, etc.

3. Après avoir exprimé nos sentiments, nous nommons les besoins qui ne sont pas satisfaits chez nous.
4. À ces trois premières informations, nous ajoutons *une demande claire adressée à l'autre* en rapport avec nos sentiments et nos besoins insatisfaits.

4 • *Engager le dialogue avec l'autre, une fois que notre colère est transforméeen d'autres sentiments.*

Dans la situation du détenu, la quatrième étape consisterait pour lui à s'adresser aux responsables de la prison : « Je vous ai fait une demande il y a trois semaines. Je n'ai toujours pas eu de nouvelles de votre part. Je suis très inquiet, parce que j'ai besoin de pouvoir gagner ma vie quand je quitterai cette prison, et je crains que cela ne soit très difficile pour moi si je ne peux pas suivre la formation que j'ai demandée. J'aimerais donc que vous me disiez ce qui vous empêche de répondre à ma demande. »

Notez bien que notre détenu a dû beaucoup travailler pour parvenir à formuler sa demande de cette manière. Il a dû prendre conscience de ce qui se passait en lui. Il a dû se faire aider à identifier ses besoins. En l'occurrence, j'étais là pour l'aider, mais dans notre formation, nous montrons aux participants comment y arriver tout seuls.

Quand nous sommes stimulés par une autre personne et que nous commençons à ressentir de la colère, nous pouvons gérer celle-ci de différentes manières.

Si nous sommes suffisamment habitués à trouver nos besoins derrière nos jugements, nous pouvons prendre une profonde inspiration et parcourir très rapidement le processus que j'ai enseigné à notre détenu. Autrement dit, dès que nous sentons monter la colère, nous respirons profondément, nous nous arrêtons, nous nous écoutons et nous nous posons immédiatement la question : « Que suis-je en train de me dire qui me rend tellement furieux ? » Nous nous relions immédiatement au besoin qui se cache derrière notre jugement et, à cet instant-là, nous sentons dans notre corps que la colère a cédé la place à d'autres sentiments. C'est alors que nous pouvons ouvrir la bouche et dire à l'autre ce que nous observons, ce que nous ressentons, ce dont nous avons besoin et que nous pouvons lui formuler une demande.

Ce processus demande de la pratique et avec de l'entraînement, il peut se faire en quelques secondes. Peut-être avons-nous la chance d'être entourés d'amis qui nous aident à identifier ce qui se passe en nous. Dans le cas contraire, ou tant que nous ne serons pas suffisamment entraînés, nous pouvons toujours prendre un temps de recul. Nous pouvons dire à l'autre : « Attends. J'ai besoin de travailler sur moi-même maintenant, parce que j'ai peur de dire des choses qui nous empêcheront de satisfaire nos besoins à tous les deux. » Nous pouvons alors nous isoler pour rechercher les besoins derrière les jugements qui nous mettent en colère et ne revenir que plus tard vers l'autre personne.

Quand nous nous sommes suffisamment exercés à gérer notre colère de cette manière, le fait de montrer aussi de la compréhension et de l'empathie pour ce qui a conduit l'autre à se comporter comme il l'a fait peut se révéler efficace. Et si nous sommes capables d'empathie avant de nous exprimer, l'efficacité peut être plus grande encore.

Pour gérer notre colère comme je le propose, notre capacité à identifier le jugement qui nous met en colère et à le remplacer rapidement par le besoin qui se cache derrière est essentielle. Si nous nous entraînons à identifier les jugements et à les traduire en besoins, nous pouvons développer notre aptitude à accomplir ce processus suffisamment vite pour le mettre en pratique en situation réelle.

Je vous recommande de faire l'exercice suivant : *dressez la liste des jugements que vous êtes susceptibles d'avoir quand vous êtes en colère. Pensez à la dernière fois que vous vous êtes mis en colère ; demandez-vous quelles étaient vos pensées pour être dans cet état et écrivez-le.*

Quand vous aurez fait l'inventaire des choses que vous vous dites dans différentes situations de colère, parcourez cette liste et posez-vous la question suivante : « Quel était le besoin que je voulais nourrir au travers de ce jugement ? »

Plus nous passerons de temps à traduire nos jugements en besoins, mieux nous arriverons à appliquer le processus pour traduire notre colère en situation réelle.

Punition et colère

J'aimerais agrémenter cette discussion sur la colère en abordant la notion de punition. Lorsque nous sommes en colère, nous nourrissons des pensées qui impliquent aussi que les autres méritent de souffrir pour ce qu'ils ont fait. Je parle ici des jugements moraux que nous portons sur les autres : ils ont tort, ils sont irresponsables, ils sont nuls, etc. Tous ces jugements partent du principe que les autres n'auraient pas dû faire ce qu'ils ont fait et qu'ils méritent une certaine forme de condamnation ou de punition.

La punition ne peut jamais vraiment répondre à nos besoins de manière constructive ; je crois que cela devient évident dès lors que nous nous posons deux questions. La première est : *que voulons-nous que l'autre fasse différemment ?* Si nous nous arrêtons à cette question, la punition semble parfois fonctionner : nous pouvons obtenir d'un enfant qu'il arrête de frapper sa sœur si nous le punissons quand il le fait. Je dis que cela *semble* fonctionner parce que souvent, le fait même de punir une personne pour ce qu'elle a fait peut stimuler chez elle un tel antagonisme que, par ressentiment ou par colère, elle continuera à agir de la même façon. Il se peut même qu'elle continue plus longtemps que si elle n'avait pas été sanctionnée.

Cependant, si nous posons la seconde question, je suis convaincu que nous verrons alors que la punition ne fonctionne jamais car nous n'avons pas envie de satisfaire nos besoins en devant en payer le prix plus tard. Cette seconde question est la suivante : *que voulons-nous que l'autre ait comme motivation pour faire ce que nous lui demandons de faire ?* En nous interrogeant à ce propos, nous constaterons que nous ne voulons jamais que les autres fassent quelque chose par peur de la punition. Nous ne voulons pas que les autres agissent parce qu'ils se sentent obligés, coupables ou honteux, ou encore pour acheter notre amour.

Je suis convaincu qu'avec un minimum de conscience, nous constaterons que nous aimons que les autres agissent de leur plein gré, parce qu'ils comprennent clairement que leurs actions donnent du sens à leur vie. Toute autre forme de motivation risque d'être un obstacle à la compassion naturelle que nous avons les uns pour les autres.

Chapitre 5

Tuer les gens, c'est trop facile et superficiel

Mon but est notamment de montrer comment le processus de la Communication NonViolente® nous aide à exprimer pleinement notre colère.

Dans les nombreux groupes avec lesquels je travaille, il est essentiel que je clarifie cet aspect. En effet, quand je suis invité dans différents pays, c'est le plus souvent pour travailler avec des personnes qui se sentent victimes d'une oppression ou d'une discrimination très forte et qui souhaitent être capables de changer la situation. Les participants sont fréquemment un peu inquiets lorsqu'ils entendent le terme *Communication NonViolente®*, car leur expérience les a exposés à différentes religions et autres enseignements qui leur ont appris à écarter leur colère, à la brimer et à s'accommoder de tout ce qui leur arrivait. Par conséquent, ils se méfient de ceux qui leur conseillent d'évacuer leur colère comme un sentiment mauvais. Ils sont donc soulagés quand ils constatent que le processus dont je parle ne suggère en aucun cas d'étouffer ou de réprimer la colère. Au contraire, la CNV est vraiment un moyen de l'exprimer pleinement.

La première étape consiste à exonérer l'autre de toute responsabilité.

Je l'ai déjà dit précédemment et c'est d'ailleurs aussi le titre de ce chapitre : pour moi, tuer les gens, c'est trop superficiel. À mes yeux, tuer, critiquer, punir ou faire souffrir les autres de quelque manière que ce soit n'est qu'une expression très superficielle de notre colère. Pour en venir à bout, il nous faut quelque chose de bien plus puissant que tuer ou faire souffrir, physiquement ou mentalement. Ces moyens sont trop faibles pour exprimer pleinement ce qui se passe en nous.

Si nous voulons utiliser la Communication NonViolente® pour exprimer notre colère, la première étape consiste à exonérer l'autre de toute responsabilité. Il s'agit d'extirper de notre conscience les pensées qui nous amènent à croire que les autres sont la cause de notre colère. Je crois qu'on devient très dangereux lorsqu'on se met à penser que les autres en sont responsables. Et il est peu probable que notre colère puisse s'exprimer pleinement dans ce cas. Elle se manifestera de façon très superficielle au travers de critiques ou de sanctions vis-à-vis des responsables.

Lorsque des détenus veulent faire payer les autres pour leurs actes, je leur démontre que la vengeance n'est rien d'autre qu'une demande d'empathie déguisée. Quand nous pensons devoir faire mal aux autres, nous avons réellement besoin que les autres sentent à quel point notre souffrance est grande et à quel point leur comportement a contribué à la générer. Cependant, la plupart des détenus avec lesquels j'ai travaillé ne connaissent pas ce genre d'empathie venant d'une personne qui leur a fait du tort. Faire souffrir est le meilleur moyen auquel ils pensent pour soulager leur propre souffrance.

Un jour, j'en ai fait la démonstration à un détenu qui me disait qu'il voulait tuer un homme. Je lui dis : « Je parie que je peux te montrer une façon plus savoureuse que la vengeance. »

Il me répondit : « Impossible, mec ! La seule chose qui m'ait maintenu en vie pendant ces deux dernières années en prison et qui m'importe, c'est l'idée que je vais sortir d'ici et faire payer à ce type ce qu'il m'a fait. Ils me remettront en taule, tant pis. Tout ce que je veux, c'est sortir d'ici et faire la peau à ce type. »

Je lui dis : « Je parie que je peux te montrer quelque chose de meilleur que ça. »

« Impossible. »

« Peux-tu m'accorder un peu de temps ? » (J'appréciais son sens de l'humour car il répondit : « J'ai tout le temps du monde, mec » – il allait rester en prison un moment. C'est pour cela que j'aime travailler avec les détenus : ils ne courent pas d'un rendez-vous à l'autre.)

Enfin, je lui dis : « Maintenant, j'aimerais te proposer une autre solution que de faire souffrir les autres. Je voudrais que tu joues le rôle de l'homme que tu veux tuer. »

Le détenu : « D'accord. »

Marshall (dans le rôle du détenu) : « C'est mon premier jour hors de prison. Je te retrouve. La première chose que je fais, c'est t'attraper. »

Le détenu : « C'est un bon début. »

Marshall : « Assieds-toi. Maintenant, je vais te dire certaines choses et je veux que tu me racontes avec tes mots ce que tu as entendu. Compris ? »

Le détenu (dans le rôle de l'autre) : « Mais je peux tout t'expliquer ! »

Marshall : « La ferme ! Tu as entendu ce que j'ai dit ? Je veux que tu me dises ce que tu m'auras entendu dire. »

Le détenu : « D'accord. »

Marshall : « Je t'ai invité dans ma maison et je t'ai traité comme un frère. Je t'ai tout donné pendant huit mois, puis tu m'as fait ce que tu m'as fait. J'étais tellement blessé que je pouvais à peine le supporter. » (J'avais entendu le détenu en parler plusieurs fois, il ne m'était donc pas difficile de jouer son rôle.)

Le détenu : « Mais je peux tout t'expliquer ! »

Marshall : « Tais-toi. Dis-moi ce que tu as entendu. »

Le détenu : « Après tout ce que tu avais fait pour moi, tu t'es senti vraiment blessé. Tu aurais voulu autre chose que ce qui s'est passé. »

Marshall : « Et puis, tu sais ce que ça m'a fait, les deux années suivantes, d'être en colère nuit et jour, à un point tel que rien ne pouvait me satisfaire, sauf l'idée de te faire la peau ? »

Le détenu : « Ça a vraiment fichu ta vie en l'air, et tu n'as rien pu faire d'autre que te consumer de colère pendant deux ans. »

Nous poursuivîmes cet échange pendant quelques minutes, puis l'homme fut pris d'une vive émotion et me dit : « Stop, stop, tu as raison. C'est de ça dont j'ai besoin. »

Lorsque je retournai à la prison pour la première fois, environ un mois plus tard, un autre homme m'attendait alors que je franchissais la porte. Il était en train de faire les cent pas. Il me dit : « Marshall, tu te souviens de ce que tu m'as dit la dernière fois ? Quand nous pensons que nous prenons plaisir à faire souffrir les autres ou que nous voulons faire du mal à quelqu'un, c'est en réalité de compréhension pour notre propre souffrance dont nous avons besoin ? »

Je dis : « Oui, je m'en souviens. »

« Tu serais d'accord de refaire le point là-dessus aujourd'hui, très lentement, avec moi ?

Je sors d'ici dans trois jours et si je ne suis pas au clair avec cela, je risque de faire souffrir quelqu'un. »

À mon sens, toute personne qui prend plaisir à faire souffrir les autres s'expose elle-même à une grande violence, psychologique ou autre. Et elle a besoin d'empathie pour la souffrance énorme qu'elle ressent.

Échanges pendant les ateliers

Je le répète, la première chose importante à cerner est que *les actions des autres ne sont jamais la cause de nos sentiments.* Mais qu'est-ce qui détermine donc comment je me sens ?

À mon avis, c'est la manière dont nous jugeons le comportement des autres qui détermine comment nous nous sentons. Si je vous demande de passer me chercher à 6 h 00 et que vous n'arrivez qu'à 6 h 30, comment vais-je me sentir ? Cela dépend de la manière dont je vois les choses. Ce n'est pas le fait que vous soyez arrivé 30 minutes plus tard que prévu qui provoque chez moi un sentiment quelconque, mais la manière dont je choisis d'interpréter la situation. Si je décide d'écouter mes jugements, je n'aurai aucun mal à rechercher qui a raison, qui a tort, qui est en faute et qui ne l'est pas.

Un participant pose une question à Marshall : « Donc, c'est la manière dont nous interprétons le comportement de l'autre, la signification que nous lui attribuons, qui provoque nos sentiments ? »

Marshall : « Exactement. Notre interprétation du comportement de l'autre influence nos sentiments. »

La colère résulte de pensées qui me coupent de la vie, qui me coupent de mes besoins.

Mais nous pouvons choisir de nous relier à nos sentiments d'une autre manière. Nous pouvons utiliser, en quelque sorte, d'autres oreilles : nos oreilles CNV. Alors, nous ne cherchons pas à savoir qui a tort, nous ne faisons pas d'analyse mentale. Ces oreilles CNV nous aident à nous relier à ce qui est vivant en nous. Pour moi, ce sont nos besoins qui nous indiquent le plus clairement ce qui est vivant en nous.

Quels sont mes besoins dans ce cas précis ? Lorsque j'y suis relié, j'éprouve des sentiments très forts, mais jamais la colère. La colère résulte de pensées qui me coupent de la vie, qui me coupent de mes besoins. Ma colère m'indique que j'ai choisi d'utiliser mon mental pour justifier que l'autre a tort et que je ne suis plus relié à mes besoins. Mes besoins sont vraiment le déclencheur de ce qui se passe en moi, de la colère que je ressens maintenant. Mais je ne suis pas conscient de ce dont j'ai besoin car mon attention est concentrée sur ce que l'autre a fait de mal. Là encore, si je me relie au besoin de l'autre, je ne ressentirai jamais la colère.

Je n'ai pas à la *réprimer* non plus : je ne la ressentirai tout simplement pas. Je suis convaincu que nos sentiments résultent à tout moment du choix que nous faisons entre ces quatre possibilités : est-ce que je fais appel à mon mental pour juger l'autre personne ? Est-ce que je fais appel à mon mental pour me juger moi-même ? Est-ce que j'établis une connexion empathique avec les besoins de l'autre ? Ou est-ce que j'établis une connexion empathique avec mes propres besoins ?

C'est ce choix qui détermine quels sentiments nous allons éprouver. C'est pourquoi, en Communication NonViolente®, le mot « parce que » est toujours suivi d'un autre mot très important : « je » – et non pas « tu ». Par exemple, « je suis en colère parce que *je…* ». Cela nous rappelle que nos sentiments ne résultent pas des actes de l'autre personne, mais de nos choix.

Souvenez-vous : la colère est provoquée par des pensées qui nous coupent de la vie et nous incitent à la violence. Dans ce sens, je pense que la colère est légitime : exprimer pleinement sa colère signifie concentrer toute sa conscience sur le besoin caché derrière. Puisque nous avons un besoin qui n'est pas satisfait, il est *légitime* de ressentir ce que nous ressentons. Nous devons faire en sorte que ce besoin soit comblé. Nous devons trouver l'énergie qui nous motivera à combler ce besoin. Je pense que la colère nous empêche de consacrer notre énergie à satisfaire nos besoins et la détourne vers une action punitive ; dans ce sens, il s'agit d'une énergie destructrice.

De la philosophie à la pratique en passant par la tactique

J'aimerais maintenant vous démontrer que ce dont je parle relève plutôt de la tactique que de la philosophie.

Pour expliquer ce que j'entends par « tactique », revenons à l'exemple de notre détenu. Je n'essayais pas de lui faire accepter le processus de la CNV pour des raisons philosophiques, mais pour des raisons tactiques.

Lorsqu'il me dit que les responsables du centre de détention n'avaient pas répondu à sa requête, je lui demandai : « Alors, qu'est-ce qui vous a mis en colère ? »

Il répondit : « Je vous l'ai dit. Ils n'ont pas répondu à ma requête. »

Je lui dis alors : « Attendez. Ne dites pas "j'ai ressenti de la colère parce qu'ils…" Arrêtez-vous et prenez conscience des pensées qui *vous* mettent tellement en colère. »

Toutefois, son bagage philosophique ou psychologique ne lui permettait pas facilement d'avoir accès à une telle approche. Alors, je lui dis : « Attendez. Ralentissez. Contentez-vous d'écouter. Qu'est-ce qui se passe en vous ? »

Il me répondit : « Je me dis qu'ils n'ont aucun respect pour les êtres humains. Ce ne sont que des bureaucrates froids et sans visage. »

Il allait poursuivre quand je lui dis : « Arrêtez, ça suffit. Voilà pourquoi vous êtes en colère. » Puis : « C'est ce genre de pensées qui vous mettent en colère. Concentrez-vous sur vos besoins. Quels sont vos besoins dans cette situation ? »

Il réfléchit un moment et me dit : « Marshall, j'ai besoin de la formation que j'ai demandée. Si je ne peux pas la suivre, il est sûr et certain que je me retrouverai enfermé ici peu de temps après être sorti. »

Une participante : « Cela me parle, ce que tu dis, mais j'ai l'impression qu'il faudrait que je sois surhumaine pour y arriver. La colère me semble tellement instantanée ! Passer par les différentes étapes du processus me paraît au-dessus de mes forces. »

Marshall : « Tout ce qu'il faut faire, c'est se taire. Tu vois, je ne crois pas que ce soit si héroïque. Il suffit de se taire, de ne pas se mettre à critiquer la personne sur le moment et de n'entreprendre aucune action visant à la punir. Arrête-toi et contente-toi de respirer et de passer par ces différentes étapes. Et avant tout – et c'est une étape très importante – tais-toi. »

La participante : « Mais, dans l'exemple où une personne attend pendant une demi-heure qu'une autre vienne la chercher, moi, je serais déjà en train de bouillir bien avant que la personne arrive. Je penserais : « Je n'arrive pas à croire qu'il ne soit pas venu me chercher, il ne se souvient jamais de ce que je lui demande », etc.

Marshall : « Pendant que tu attends, il y a une chose que tu peux faire pour t'apporter un soulagement, et cela augmentera aussi tes chances de satisfaire tes besoins. Si tu passes par ces étapes dont nous avons parlé, tu sauras ce qu'il faut dire, quand la personne arrivera, pour augmenter la probabilité qu'elle vienne à temps la fois suivante. J'espère avoir expliqué cela clairement, de manière à ce que ça ne paraisse pas surhumain. Réprimer ou étouffer sa colère, c'est cela qui serait surhumain.

Il s'agit ici de rester concentré à chaque instant sur nos besoins et sur ce qui est vivant en nous et chez l'autre. »

Exemple de colère d'une participante

Participante n° 2 : « Dans la situation que j'ai vécue, j'étais en conversation avec quelqu'un. Une troisième personne – un homme – est arrivée et a commencé à s'adresser à la personne avec qui je discutais, en m'ignorant. Cet homme a également mentionné dans la conversation le fait qu'il préférait que les membres de sa communauté soient blancs. »

Marshall : « Bon. »

Participante n° 2 : « Alors, j'ai ressenti de la colère parce que mon besoin de poursuivre ma conversation n'était pas satisfait. »

Marshall : « Attends une seconde. Je ne crois pas que ce soit la raison pour laquelle tu t'es mise en colère. Tu vois, je ne pense pas que nous n'éprouvons pas de colère parce que nos besoins ne sont pas satisfaits. Je parierais que tu t'es fâchée en raison de jugements que tu portais sur l'autre personne à ce moment-là. J'aimerais donc que tu prennes maintenant conscience des pensées que tu as eues et qui t'ont mise en colère. Tu te trouves face à quelqu'un qui dit qu'il préférerait être entouré uniquement de blancs, et cette personne s'adresse à quelqu'un d'autre plutôt qu'à toi. Pourquoi es-tu en colère ? Qu'est-ce que tu te dis ? »

Participante n° 2 : « Eh bien, je me dis : "que fait cette personne, pourquoi parasite-t-elle ma conversation ?" »

Marshall : « Va voir ce qu'il y a derrière cette question : "que fait cette personne". Que penses-tu d'une personne qui agit de cette manière ? »

Participante n° 2 : « Qu'est-ce que je pense de lui ? »

Marshall : « Oui. »

Participante n° 2 : « Eh bien, je n'en pense rien de bon. »

Marshall : « Je crois que c'est là que ça se passe. Note bien que je n'essaie pas de t'amener à avoir certaines pensées plutôt que d'autres. Je veux simplement te faire prendre conscience de ce qui se passe en toi à ce moment-là. Ça se déroule probablement très rapidement. »

Participante n° 2 : « Non, sur le moment, je me sentais exclue. »

Marshall : « Ah, nous nous rapprochons. Tu as donc interprété son attitude comme une attitude d'exclusion envers toi. Tu vois, l'image de l'exclusion n'est pas un sentiment. »

Participante n° 2 : « Je vois. »

Marshall : « Il s'agit d'une interprétation. C'est comme l'abandon. "Je me sens abandonné." "Je me sens ignoré." C'est plutôt une image, une impression : tu as l'impression d'être exclue. Que se passait-il d'autre en toi ? »

Participante n° 2 : « Je pense que c'était plus qu'une impression : ils se regardaient l'un l'autre, se parlaient l'un à l'autre, et dans cet échange, ils ne s'adressaient pas à moi. »

Marshall : « Pourtant, je pense qu'on peut interpréter cette situation de vingt manières différentes, et ton exclusion de la conversation n'en est qu'une. Plusieurs autres interprétations sont possibles et chacune d'elles aura une grande influence sur ce que tu ressens. À nouveau, ralentissons. Quelles autres pensées t'ont mise en colère ? »

Participante n° 2 : « L'utilisation du mot "blanc" a aussi provoqué certaines pensées. »

Marshall : Ah oui, je pense que nous nous rapprochons encore plus maintenant. Quelle image te vient à l'esprit lorsque quelqu'un utilise le mot "blanc" de cette manière ? Surtout si la personne regarde quelqu'un d'autre, et pas toi ? »

Participante n° 2 : « Je me dis que lorsqu'ils parlent des blancs, ils ne parlent pas de moi. »

Marshall : « Ils t'excluent donc, d'une certaine manière. »

Participante n° 2 : « Et en fait, leur comportement, leur langage corporel, tout, chez eux, me fait passer le même message. »

Marshall : « Tu crois donc qu'ils t'excluent en raison de ta race ? Que penses-tu des gens qui agissent de cette manière ? »

Participante n° 2 : « Beaucoup de choses, je veux dire… »

Marshall : « C'est à cela que j'essaie d'arriver, tu vois. Je crois que ce sont ces pensées qui ont été stimulées par la situation et que c'est cela qui t'a mise en colère. »

Participante n° 2 : « Je le crois aussi. Je suis d'accord avec ce que tu dis. Je crois que ma colère est venue à la fois de ces pensées et du fait que j'étais effectivement exclue. »

Marshall : « Non, tu n'étais pas effectivement exclue. Tu as interprété la situation de cette manière. Ce que tu as observé de manière factuelle, c'est que les personnes se sont regardées. Cela, c'est un fait. Si tu dis qu'elles t'ont exclue, qu'elles sont racistes, qu'elles avaient peur de toi, ce sont autant d'interprétations. Les faits que tu as observés, c'est que le deuxième homme ne t'a pas regardé, qu'il a utilisé le terme "blanc". Voilà les faits. Si tu les interprètes comme de l'exclusion, tu vas provoquer en toi-même d'autres sentiments que si tu regardes la situation autrement. »

Participante n° 3 : « Alors, comment aurait-elle pu gérer la situation ? Le langage corporel lui donne l'impression d'être exclue, la conversation aussi. Je veux dire, comment peut-elle identifier ses besoins ? »

Marshall : « Si son objectif est d'exprimer pleinement sa colère, je lui suggérerai de voir ce que nous venons de travailler ; de prendre conscience des pensées qui la mettent en colère. Dans ce cas-ci, elle est probablement devenue furieuse parce qu'elle a immédiatement interprété la situation comme une situation d'exclusion en raison de sa race. Cette interprétation suscite toutes sortes de pensées : ce n'est pas juste, on ne doit pas exclure les gens en raison de leur couleur, etc. C'est cela que tu ressens profondément en toi ? »

Participante n° 2 : « Je pense que ces sentiments sont venus un peu plus tard. Oui, j'ai commencé par avoir l'impression d'être invisible, par être déroutée, déconcertée. Je ne comprends pas pourquoi cela arrive. »

Marshall : « Donc, ta première réaction n'a pas été de juger l'autre, mais d'être déconcertée, déroutée. Tu as besoin de comprendre ce qui se passe. Ce n'est qu'ensuite que les pensées te sont venues. »

Participante n° 2 : « C'est à ce moment-là que je me mets en colère. »

Marshall : « Elle se met en colère parce qu'elle commence à imaginer les raisons de la situation. C'est cela que nous voulons exprimer pleinement, cette colère provoquée par nos interprétations : "Hé, attends un peu ! Je pense qu'ils m'excluent à cause de ma race et je n'aime pas cela. Je trouve que c'est raciste et injuste. Personne ne devrait être laissé de côté pour cette raison-là." Ce sont des pensées comme celles-là, n'est-ce pas ? »

Participante n° 2 : « Oui. »

La première étape consiste à rester calme et à trouver les pensées qui nous mettent en colère. La deuxième, à se relier aux besoins qui se cachent derrière ces pensées.

Marshall : « Bien, nous voilà maintenant à la deuxième étape. La première étape consiste à rester calme et à trouver les pensées qui nous mettent en colère. La deuxième, à se relier aux besoins qui se cachent derrière ces pensées. Donc, quand tu te dis : “Je trouve que personne ne devrait être exclu en raison de sa race, je trouve que c’est injuste et raciste”, moi, je pense que tous les jugements – et l’utilisation du mot *raciste* en est un bon exemple – sont l’expression tragique de besoins insatisfaits. Alors, quel est le besoin qui essaie de s’exprimer derrière le mot raciste ? Si je qualifie quelqu’un de raciste, quel est mon besoin ? “J’aimerais être inclus, j’aimerais être traité comme les autres. J’aimerais bénéficier du même respect et de la même considération que n’importe qui d’autre.” Si je veux exprimer pleinement ma colère, ce sont ces mots-là que je prononce. Je connais maintenant les besoins et les sentiments qui se cachent derrière ma colère, mais c’est bien plus effrayant d’exprimer mes sentiments que ma colère. Je n’ai aucun mal à dire “c’était une attitude raciste”, bien au contraire. En revanche, cela me fait vraiment peur d’aller voir quels sentiments il y a derrière, tellement ces sentiments sont profondément liés au racisme. Pourtant, c’est de cette façon que je pourrai exprimer ma colère pleinement. Alors, je pourrais dire à l'autre : "Quand tu es arrivé dans le groupe et que tu as commencé à parler aux autres mais pas à moi, puis quand j'ai entendu ton commentaire sur les blancs, je me suis vraiment sentie mal et j'ai eu très peur. Je me suis rendu compte que j'avais vraiment besoin d'être traitée comme tout le monde, et j'aimerais que tu me dises comment tu te sens quand je te dis cela." »

Participante n° 2 : « En fait, j'ai eu une conversation semblable à celle-là avec l'homme en question. Et si je garde encore une partie de ma frustration et de ma colère, c'est parce que j'ai réussi à aller jusque-là, mais j'ai l'impression qu'il n'a pas compris ce que j'ai vécu. »

Marshall : « Si je t'entends bien, tu crains que l'autre personne n'ait pas compris ce qui se passe pour toi, qu'elle ignore tout ce que tu as vécu dans cette situation ? »

Participante n° 2 : « C'est cela. Et au fil des ans, ce décalage provoque ce que j'appellerais une sorte de rage. »

Chapitre 6

Faire comprendre nos sentiments et nos besoins aux autres

Nous voulons tous être compris de l'autre. Exprimer pleinement notre colère ne signifie donc pas seulement énoncer ses sentiments profonds, mais aussi les faire comprendre à l'autre.

Pour y parvenir, nous devons développer certaines compétences. En effet, on constate que le meilleur moyen de se faire comprendre par quelqu'un est de le comprendre d'abord. Plus j'ai de l'empathie pour le comportement de l'autre et son déclencheur, plus j'ai de chance d'obtenir une certaine réciprocité, c'est-à-dire de la compréhension pour tout ce que je vis moi-même par rapport à lui ou elle. L'autre a beaucoup de mal à entendre mon vécu. Alors, si je veux qu'il l'entende, je dois d'abord lui témoigner de l'empathie. Nous allons voir ce qui peut en résulter dans une situation comme celle-ci.

Ces trente dernières années, j'ai acquis une grande expérience du racisme, parce que j'ai commencé à mettre la CNV en pratique avec des gens qui ont des idées bien arrêtées sur les questions de race. Dans de nombreux pays où je travaille, ces questions sont malheureusement celles qui préoccupent le plus les citoyens aujourd'hui. Il y a dans le monde beaucoup d'endroits devenus très dangereux par la présence de *skinheads* et autres groupes néonazis. La question est très grave, et nous devons donc faire preuve d'habileté pour que ces gens comprennent.

Un jour, tôt le matin, je me trouvais avec une autre personne dans un taxi qui nous avait pris tous les deux à l'aéroport pour aller en ville. À un moment donné, nous entendîmes dans le haut-parleur du chauffeur : « Il faut passer prendre M. Fisherman à la synagogue dans telle rue. » L'homme assis à côté de moi dit alors : « Ces youpins se lèvent bien tôt le matin pour arnaquer tout le monde ! » J'étais hors de moi, c'est vrai, parce qu'il en faut beaucoup moins que ce genre de propos pour me transformer en fou furieux.

Pendant des années, ma première réaction aurait été d'agresser physiquement cette personne. Je pris donc une vingtaine de secondes pour inspirer profondément et me donner un peu d'empathie pour toute la douleur, la crainte, la rage et les autres émotions que je ressentais. « J'entends ce qu'il me dit. J'ai conscience du fait que ma colère ne vient pas de cet homme, ni de ce qu'il me dit. Jamais des paroles comme celles-là ne pourraient être à l'origine d'une telle colère, d'une peur aussi profonde. Cela vient de bien plus loin. Je sais que mes sentiments n'ont rien à voir avec ses propos : ceux-ci m'ont juste stimulé au point de vouloir exploser comme un volcan. » Je m'assis donc au fond de mon siège et accueillis les jugements qui me passaient par la tête. Je pris plaisir à m'imaginer en train de lui exploser la tête.

Ensuite, les premiers mots qui sortirent de ma bouche furent : « Que ressentez-vous, de quoi avez-vous besoin ? » Je voulais entrer en empathie avec lui. Entendre sa douleur. Pourquoi ? Parce que je voulais qu'il comprenne. Je voulais qu'il voie ce qui se passait en moi quand il disait cela. Mais j'ai appris que les autres ne peuvent pas comprendre ce que je ressens, qu'ils ne peuvent pas m'entendre s'ils sont eux-mêmes tourmentés. Je voulais donc me relier à lui, lui témoigner une empathie respectueuse pour cette force de vie qui l'avait amené à tenir ces propos. Je savais par expérience que si je le faisais, il pourrait m'entendre. Ce ne serait pas facile, mais il y avait une chance. Alors je lui dis: « On dirait que vous avez eu de mauvaises expériences avec les Juifs. »

Il me regarda et dit: « Ouais. Vous savez, ces gens sont dégoûtants, ils font n'importe quoi pour de l'argent. »

« J'ai l'impression que vous vous en méfiez et que vous avez besoin de vous protéger quand vous traitez de questions financières avec eux. »

« Oui. »

L'homme continua de me parler ainsi et moi, je continuai d'entendre ses sentiments et ses besoins.

Vous savez, quand vous concentrez votre attention sur les sentiments et les besoins de l'autre, il n'y a pas de conflit. Quand j'entends qu'il a peur et qu'il veut se protéger, j'ai conscience que j'ai les mêmes besoins. Moi aussi, j'ai besoin de me protéger. Moi aussi, je sais ce que c'est que d'avoir peur. Quand je suis concentré sur les sentiments et les besoins d'un autre être humain, je vois que nous vivons tous les mêmes choses. Je suis en conflit avec ce qui se passe dans sa tête, avec son mode de pensée, mais j'ai appris une chose : j'aime beaucoup plus les êtres humains quand je n'entends pas ce qu'ils pensent. J'ai appris, surtout avec les gens qui pensent comme cet homme, que ma vie est bien plus belle si j'entends ce qui se passe dans leur cœur et non ce qu'ils disent avec leur tête.

Après un moment, cet homme ne faisait plus que déverser sa tristesse et sa frustration. Soudainement, il laissa les Juifs en paix pour s'attaquer aux Noirs et à d'autres groupes ethniques. Toutes sortes de choses le faisaient souffrir.

« Ma vie est bien plus belle si j'entends ce qui se passe dans leur cœur et non ce qu'ils disent avec leur tête. »

Après une dizaine de minutes pendant lesquelles je m'étais contenté de l'écouter, il s'arrêta. Il se sentait compris. À mon tour, je lui dis alors ce que je ressentais. « Vous savez, quand vous avez commencé à parler, je me suis senti très frustré et découragé, parce que mon expérience avec les Juifs a été bien différente de la vôtre, et j'aurais tellement voulu que la vôtre soit plus proche de la mienne ! Pourriez-vous me redire ce que vous venez d'entendre ? »

« Euh, en fait, je ne dis pas qu'ils sont tous… »

Je lui dis : « Excusez-moi. Attendez, attendez. Pourriez-vous me dire ce que vous m'avez entendu dire ? »

« Qu'est-ce que vous racontez ? »

« Je vais essayer de vous expliquer », lui dis-je. « Je tiens vraiment à ce que vous compreniez à quel point j'ai souffert quand j'ai entendu vos paroles. Il est très important pour moi que vous compreniez. J'ai dit que j'étais vraiment triste, parce que mon expérience avec les Juifs est bien différente de la vôtre et j'aimerais tellement que votre expérience soit autrement. Pouvez-vous me redire ce que vous avez entendu ? »

« Eh bien, vous dites que je ne devrais pas tenir de tels propos. »

Je répondis : « Non, loin de moi l'idée de vous reprocher quelque chose. Vraiment, je vous assure ! »

Cet homme n'a pas conscience à quel point il entend des reproches. S'il se dit : « C'est horrible et raciste, ce que j'ai dit, et je n'aurais pas dû le dire », c'est qu'il n'a pas compris ce que j'ai voulu qu'il entende. S'il entend qu'il a fait quelque chose de mal, c'est qu'il n'a pas compris non plus. Ce que je veux qu'il entende, c'est la douleur que je ressens quand il tient ces propos. Je veux qu'il voie quels besoins ne sont pas satisfaits chez moi quand il parle de cette façon. Je ne veux pas lui faire de reproches, car ce serait trop facile.

Nous devons donc travailler à améliorer notre écoute – nous devons insister pour nous faire entendre de ceux qui jugent. Parce que ceux qui s'expriment par les jugements n'ont pas l'habitude d'entendre des sentiments et des besoins, mais des reproches. Ils peuvent y réagir de deux manières : soit ils acceptent les jugements qu'on porte sur eux et s'en prennent à eux-mêmes, soit ils s'en prennent aux autres pour les avoir traités de racistes. Cependant, aucune de ces deux réactions ne les empêchera de continuer à se comporter de la même manière. C'est pour cette raison qu'il est nécessaire qu'ils comprennent. Peut-être devrez-vous commencer par entendre leur souffrance pendant un moment. Eh bien, sachez qu'avant de pouvoir entendre la souffrance de ces gens, j'ai dû beaucoup travailler sur moi-même, pendant des années. Énormément !

Participante n° 2 : « Je ressens toujours chez moi le désir de me protéger. Autrement dit, si j'avais le choix, j'éviterais tout contact avec cet homme, mais puisqu'il est entré dans mon espace, j'ai bien dû entrer en interaction avec lui, et je ne suis pas sûre de bien comprendre ce que tu veux dire. »

Marshall : « Je veux dire que si je veux exprimer pleinement ma colère, je passerai par les étapes dont je viens de parler. Maintenant, je ne dis pas qu'il est *toujours* nécessaire de faire part de ma colère à l'autre. Très souvent, j'aurai plutôt besoin d'en parler à une tierce personne, et non à celle qui m'a stimulé. Simplement, si je veux exprimer pleinement ma colère à la personne concernée, je lui donnerai d'abord l'empathie dont elle a besoin pour pouvoir entendre les sentiments et besoins profonds que je vis quand elle a tel ou tel comportement. C'est le meilleur moyen que j'ai trouvé pour exprimer vraiment ma colère et faire comprendre à l'autre ce que je ressens au plus profond de moi. Comme tu l'as fait remarquer, il ne suffit pas de "vider son sac". Il est nécessaire que l'autre comprenne, qu'il entende avec empathie. Cela ne signifie pas qu'il doive être d'accord; il ne doit même pas changer de comportement, mais juste entendre ce qui se passe en moi.

Avec cet homme, pendant vingt secondes, c'est toute une vie qui m'est passée par la tête et je me suis contenté de savourer ce spectacle. »

Participante n° 3 : « Comment fais-tu ? »

Savourer les jugements qui nous passent par la tête

Récemment, alors que j'étais à l'étranger, je me suis trouvé face à une femme qui me parlait en m'adressant de nombreux jugements et je vais vous dire comment j'ai réagi.

Je lui dis : « Vous êtes très en colère et vous auriez aimé (ceci ou cela). »

La femme répondit : « Oui, mais… »

Voici ce que je lui dis ensuite : « On dirait que vous vous êtes sentie blessée parce que vous auriez aimé… »

« Oui, et… »

L'échange se poursuit et à la fin, une participante me dit : « Marshall, je n'ai jamais vu quelqu'un avec autant de compassion que toi. Si quelqu'un m'avait parlé comme cette femme l'a fait, je l'aurais frappée. Comment arrives-tu à rester si calme ? »

Je répondis : « Je vais te dire ce que j'ai ressenti. Tu te souviens de sa première phrase ? »

« Oui. »

« Ma première pensée a été : si tu ne la fermes pas, je vais te f… la tête dans le c… Et je vais te l'enfoncer si profondément qu'il te faudra un nombril en cellophane pour la voir. »

Je dis ensuite à la participante : « Et c'est devenu pire par la suite. Certaines images très crues me sont venues à l'esprit, et j'ai commencé à me rendre compte que les propos de cette femme ressemblaient beaucoup à des railleries que j'avais subies pendant mon enfance. J'ai compris que j'éprouvais aussi une profonde peur. Je suis passé de la colère et de l'envie d'agresser physiquement cette femme à une prise de conscience de l'humiliation qu'il y avait derrière ma colère. Je me suis arrêté et j'ai écouté. Et quand je me suis connecté à cette humiliation, à cette peur d'être humilié, j'ai senti que mon corps se détendait. Alors, j'ai pu faire ce que j'ai dit tout à l'heure, c'est-à-dire prêter attention à ses sentiments et à ses besoins. Ensuite, tu te rappelles la deuxième intervention qu'elle m'a envoyée à la figure ? »

« Oui. »

« Ma première réaction a été ceci : (...). »

Quand je lui racontai l'épisode, cette participante ouvrit de grands yeux étonnés. Elle dit : « Je n'aurais jamais pensé que tu puisses être si violent ! »

Je suis donc passé d'une grande compassion à une grande violence en quelques phrases à peine. Eh bien, les deux sont présents. J'ai en moi une violence énorme, conditionnée par des facteurs culturels et par d'autres choses encore. Alors, je la savoure. Quand je suis en colère, je me cale dans mon fauteuil et je regarde le spectacle de cette violence qui se déchaîne dans ma tête. J'entends toutes ces paroles très dures que j'aimerais prononcer, je vois toutes ces choses que j'aimerais faire à l'autre, puis j'écoute la souffrance qui se cache derrière. Et quand je contacte cette souffrance, je ressens toujours une forme de détente. À ce moment-là, je me sens capable de voir l'autre comme un être humain. Je ne réprime rien, bien au contraire : je donne libre cours à la violence dans ma tête et je la savoure.

Participante n° 4 : « Mais tu ne réagis pas. »

Quand je contacte cette souffrance, je ressens toujours une forme de détente.

Marshall : « Je ne réagis pas parce que ce serait trop facile et superficiel. Si je réagis immédiatement en adressant des reproches à l'autre, je n'aurais jamais l'occasion d'aller voir ce qui me fait réellement souffrir. Je ne pourrai pas vraiment exprimer pleinement mes besoins et les faire comprendre à l'autre. Tout ce que nous allons faire, c'est nous bagarrer, et je sais comment cela finit : même quand je gagne, je ne me sens pas bien. Alors, c'est vraiment important pour moi d'exprimer ce que je ressens profondément. »

Prenez votre temps

Participante n° 5 : « Tu as dit avant qu'il s'agit d'un processus lent. Tu dis que tu as besoin de temps, que tu prends le temps de te donner de l'empathie à toi-même. En même temps, si tu essaies d'avoir une conversation pour gérer la situation, je suppose qu'il faut parfois dire à l'autre : "Attends une seconde. Je dois réfléchir avant de te répondre." Il arrive qu'on ait besoin de plus de temps pour pouvoir répondre, non ? »

Marshall : « Oui. Je porte sur moi la photo du fils d'un de mes amis. C'est la dernière photo prise de lui avant qu'il ne se fasse tuer pendant la Guerre du Liban. Si je garde cette photo sur moi, c'est parce que le fils y porte un t-shirt sur lequel il est écrit *Prends ton temps*. C'est un symbole très puissant pour moi. Quand on apprend le processus, ce qui importe le plus est probablement de respecter le temps nécessaire pour l'appliquer. De prendre son temps. Certes, il est parfois inconfortable de ne pas céder aux automatismes que j'ai appris, mais je veux prendre mon temps pour arriver à vivre en harmonie avec mes propres valeurs, et non comme un robot programmé pour fonctionner en conformité avec sa culture. Alors oui, prenez votre temps. Ce sera peut-être inconfortable, mais en ce qui me concerne, c'est ma vie que j'engage.

Je prendrai le temps de la vivre comme je le veux, quitte à avoir l'air ridicule parfois.

Un de mes amis, Sam Williams, a résumé ce processus sur une simple fiche, comme celles que nous vendons maintenant (c'est Sam qui nous en a donné l'idée). Au bureau, il utilisait cette fiche comme aide-mémoire quand son patron venait le voir pour lui faire des reproches. Plutôt que de réagir de manière habituelle et du tac au tac, il prenait son temps. Il regardait sa fiche et se remémorait comment il voulait répondre. Je lui ai dit : "Sam, est-ce que les gens ne te trouvent pas un peu bizarre quand tu regardes ta fiche ainsi, sans rien dire pendant tout ce temps ?" Il m'a répondu : "En fait, il ne me faut pas tant de temps que cela. Mais quand bien même, ça m'est égal. Je veux être sûr que ma réponse sera vraiment celle que je veux entendre." Chez lui en famille, il en parlait très franchement. Il avait expliqué à sa femme et à ses enfants pourquoi il avait cette fiche, en ajoutant : "J'ai peut-être l'air bizarre et je reste parfois longtemps sans parler, mais voilà pourquoi je le fais." Lorsqu'il y avait des disputes à la maison, il prenait donc son temps, et après environ un mois, il se sentit suffisamment à l'aise pour se passer de sa fiche. Plus tard, un soir, il eut une discussion avec son fils Scotty, âgé de quatre ans, à propos de la télévision. Comme la discussion tournait mal, Scotty lui dit : "Papa, va chercher ta fiche." »

Participante n° 7 : « Est-ce que tu vends ces fiches ? »

Marshall : « Non, c'est le Centre pour la Communication NonViolente® qui les vend. »

Chapitre 7

Une invitation

Aucun ouvrage ne remplacera jamais l'expérience d'un partage du temps et de l'espace avec Marshall B. Rosenberg ou avec l'un des formateurs certifiés du CNVC. La puissance, la chaleur et l'émotion du message de la CNV sont amplifiées lorsqu'on participe soi-même à une formation. L'interaction avec d'autres participants ajoute au processus d'apprentissage une dimension qu'il est difficile d'égaler dans un livre.

Si vous souhaitez rencontrer Marshall ou un autre formateur du CNVC en personne, n'hésitez pas à consulter le site internet

www.CNVC.org

Vous y trouverez un calendrier des formations et conférences sur la CNV, ainsi qu'une liste des formateurs et des personnes de soutien du monde entier.

Sur le même site, vous trouverez aussi le catalogue fréquemment mis à jour de tous les supports pédagogiques consacrés à la CNV (cassettes audio, CD, livres, etc.).

Enfin, pour en savoir plus sur la CNV, rendez-vous sur le site

www.NonviolentCommunication.com.

La colère en quelques citations

- Ma manière d'aborder une situation a une influence déterminante sur ma capacité à la transformer ou à l'aggraver.
- Il n'y a rien qu'une personne puisse faire pour nous mettre en colère.
- Les pensées qui sous-tendent que les autres ont tort d'agir comme ils le font sont source de violence.
- Je ne pense pas que notre colère soit provoquée par nos besoins insatisfaits. Je pense plutôt que notre colère émane des jugements que nous portons sur le comportement des autres.
- La colère est un sentiment naturel provoqué par des pensées qui ne le sont pas.
- Je ne dis pas qu'il est mal de juger les autres..., mais qu'il faut être conscient que ce sont nos jugements qui sont à l'origine de notre colère.
- Même si vous ne prononcez pas de jugements à haute voix, vos yeux expriment vos pensées.

...

...

- Utilisons les mots « Je me sens parce que je... » pour nous rappeler que nos sentiments ne sont pas provoqués par le comportement des autres, mais par le choix que nous faisons d'écouter nos pensées.
- On peut trouver la clarté de ce qui se passe en nous en cherchant nos besoins. Demandons-nous « quels sont mes besoins dans cette situation ? »
- Lorsque je suis relié à mes besoins, j'éprouve des sentiments intenses, mais jamais de la colère. La colère résulte d'un mode de pensée provocateur, violent, qui me coupe de la vie.
- Tuer les autres est trop facile et superficiel. Tuer, reprocher, ou vouloir du mal aux autres sont des expressions très superficielles de la colère.
- Notre objectif est de rester, instant après instant, reliés à la vie, celle qui se passe en nous. Quels sont nos besoins dans l'instant et qu'est-ce qui est vivant chez les autres ?
- La tristesse est un sentiment qui nous mobilise pour satisfaire nos besoins. La colère est un sentiment qui nous mobilise pour punir et réprimander les autres.

...

…

- Exprimer pleinement sa colère ne signifie pas qu'on se contente d'exprimer nos sentiments profonds, mais aussi que l'autre a compris ce que nous ressentons.
- Exprimer pleinement sa colère nécessite que notre conscience soit totalement focalisée sur le besoin insatisfait.
- La meilleure façon d'obtenir de la compréhension des autres… est de leur montrer de la compréhension à notre tour. Si je veux qu'ils entendent mes sentiments et mes besoins, je dois d'abord leur témoigner de l'empathie.
- Lorsque je donne aux autres l'empathie dont ils ont besoin, il n'est pas difficile de me faire entendre.
- La colère est un sentiment précieux en CNV. C'est un signal d'alarme qui m'avertit que mon mode de pensées m'éloigne, presque à coup sûr, des solutions qui me permettront de satisfaire mes besoins. Pourquoi ? Parce que mon énergie n'est pas reliée à mes besoins et que je ne suis même pas conscient de mes besoins quand je suis en colère.

Pour pratiquer le processus de la CNV

J'exprime avec honnêteté comment **je** me sens, sans formuler de reproches ni de critiques	**J'écoute avec empathie** comment **tu** te sens, sans entendre de reproches ni de critiques
OBSERVATIONS	
1 • Les actions concrètes que j'observe *(vois, entends, me rappelle, imagine – sans y mettre mes évaluations)* qui contribuent ou non à mon bien-être : « *Lorsque je (vois, entends)...*	1 • Les actions concrètes que tu observes *(vois, entends, te rappelles, imagines – sans y mettre tes évaluations)* qui contribuent ou non à ton bien-être : « *Lorsque tu (vois, entends)...* »
SENTIMENTS	
2 • Comment je me sens *(émotion ou sensation plutôt que pensée)* par rapport aux actions que j'observe : « *Je me sens...* »	2 • Comment tu te sens *(émotion ou sensation plutôt que pensée)* par rapport aux actions que tu observes : « *Tu te sens...* »

Pour pratiquer le processus de la CNV (suite)

BESOINS	
3 • L'énergie vitale exprimée sous forme de besoins, de valeurs, de désirs, d'attentes ou de pensées qui font naître mes sentiments: *«…parce que j'ai besoin de/ j'accorde de l'importance à…»*	3 • L'énergie vitale exprimée sous forme de besoins, de valeurs, de désirs, d'attentes ou de pensées qui font naître tes sentiments *«…parce que tu as besoin de/ tu accordes de l'importance à…»*
DEMANDES	
Je demande clairement ce qui pourrait embellir/enrichir **ma** vie sans que cela ne soit une exigence	**J'écoute avec empathie** ce qui pourrait embellir/ enrichir **ta** vie sans entendre une exigence
4 • Les actions concrètes que j'aimerais voir: *«et serais-tu d'accord de…?»*	4 • Les actions concrètes que tu aimerais voir: *«…et voudrais-tu/ aimerais-tu que…?»*

Quelques sentiments fondamentaux qui nous animent tous

Sentiments liés à des besoins satisfaits	Sentiments liés à des besoins insatisfaits
• étonné	• fâché
• plein d'assurance	• désorienté
• plein d'énergie	• déçu
• content	• affligé
• inspiré	• frustré
• joyeux	• désespéré
• optimiste	• irrité
• soulagé	• nerveux
• surpris	• perplexe
• touché	• triste
• confortable	• ennuyé
• plein d'entrain	• préoccupé
• comblé	• découragé
• plein d'espoir	• embarrassé
• intrigué	• impuissant
• ému	• impatient
• fier	• seul
• stimulé	• submergé
• plein de gratitude	• réticent
• confiant	• inconfortable

Quelques sentiments fondamentaux qui nous animent tous (suite)

Autonomie	Interdépendance
• Choisir nos rêves, nos buts, nos valeurs • Choisir des stratégies pour concrétiser nos rêves, nos buts, nos valeurs **Célébration** • Célébrer la vie et la réalisation de nos rêves • Célébrer nos pertes : la perte des êtres proches, la non-réalisation de nos rêves, etc. (le deuil) **Intégrité** • Authenticité • Créativité • Sens • Estime de soi	• Acceptation • Appréciation • Proximité • Communauté • Considération • Contribution à l'enrichissement de la vie • Sécurité émotionnelle • Empathie • Honnêteté (l'honnêteté qui nous donne le pouvoir d'apprendre par nos propres limites) • Amour • Réassurance • Respect • Soutien • Confiance • Compréhension

Quelques sentiments fondamentaux qui nous animent tous (suite)

Nourriture sur le plan physique	Jeu
• Air • Nourriture • Mouvement, exercice • Protection contre les formes de vie menaçantes : virus, bactéries, insectes, animaux prédateurs • Repos • Expression sexuelle • Abri • Toucher • Eau	• Amusement • Rire **Communion d'esprit** • Beauté • Harmonie • Inspiration • Ordre • Paix

Chapitre 8

Le CNVC en quelques mots

Le Centre pour la Communication NonViolente®[1] (CNVC) a été fondé en 1984 par le Dr Marshall B. Rosenberg. Cette organisation à but non lucratif se veut au service de la paix et aspire à un monde où les besoins de chacun sont nourris de manière pacifique. Sa mission est de promouvoir la Communication NonViolente® (CNV) dans le monde.

La CNV est enseignée aux quatre coins de la planète dans différentes communautés, des écoles, des prisons, des centres de médiation, des églises, des entreprises, des organismes professionnels, etc. Outre, qui passe plus de 250 jours par an à diffuser la CNV dans les pays les plus pauvres et les plus touchés par la guerre, des centaines d'autres formateurs – dont plus de 200 certifiés par le Centre – enseignent chaque année le processus de la CNV à plus de 250 000 personnes dans 35 pays.

1 *Center for Nonviolent Communication* (CNVC).

Au CNVC, nous sommes convaincus que l'enseignement de la CNV est une étape essentielle pour continuer à bâtir une société bienveillante et pacifique. Vos dons déductibles d'impôts nous permettront d'offrir nos formations dans les régions les plus pauvres et les plus violentes du monde. Ils contribueront également au développement et à la poursuite de projets destinés à amener des formations en CNV dans des régions et parmi des populations qui en ont grand besoin.

Le CNVC peut offrir un large éventail de ressources très utiles pour contribuer au développement de la CNV dans le monde. Pour effectuer un don déductible d'impôts ou pour en savoir plus sur nos ressources, visitez notre site internet (cf. adresse page 113).

Chapitre 9

La CNV en quelques mots

À la maison, au bureau, à l'école et partout ailleurs, la Communication NonViolente® (CNV) transforme des vies tous les jours. La CNV est un outil simple et efficace pour parvenir aux causes profondes de la violence et de la souffrance de manière pacifique. Par l'exploration des besoins insatisfaits qui se cachent derrière certains de nos actes ou de nos paroles, la CNV aide à désamorcer l'agressivité, à guérir la souffrance et à renforcer les relations personnelles ou professionnelles.

La CNV nous donne des clés pour descendre plus profondément en nous-mêmes et découvrir ce qui est vivant et vital en nous. Elle nous enseigne que tous nos actes sont l'expression de besoins que nous cherchons à satisfaire, comme tous les autres êtres humains. Elle nous apprend à développer un vocabulaire des sentiments et des besoins qui nous aide à exprimer plus clairement ce qui se passe en nous à chaque instant. Quand nous comprenons et reconnaissons nos besoins, nous créons un socle commun pour des relations beaucoup plus riches et satisfaisantes. Rejoignez les milliers de personnes dans le monde qui ont enrichi leurs relations et leur vie par ce processus simple mais révolutionnaire.

Pour toute information supplémentaire,
vous pouvez contacter :
Le Centre pour La Communication
NonViolente®
5600-A San Francisco Rd NE
USA-Albuquerque, NM 87109
Tél. (USA) : 001 505 244 4041
Site web international : www.cnvc.org
Site européen et suisse : www.nvc-europe.org
Email : cnvc@cnvc.org

Du même auteur aux Éditions Jouvence :

Élever nos enfants avec bienveillance
L'approche de la Communication NonViolente®

La Communication NonViolente (CNV) est un processus efficace qui permet de se relier aux autres et d'agir avec compassion. Également appelée communication empathique ou langage girafe, la CNV peut prévenir ou résoudre les conflits et invite à communiquer dans le but de satisfaire les besoins de chacun. Elle offre des outils concrets que l'on peut utiliser aisément dans les écoles ou, au sein de la famille, dans les relations personnelles. La CNV montre comment nous exprimer avec honnêteté et empathie, dans un « langage du cœur » qui encourage la bienveillance, afin d'éviter toute rancœur et pour préserver l'estime de soi. Il s'agit d'assumer nos choix et d'utiliser des mots qui traduisent de la compassion plutôt que de la crainte, de la culpabilité ou de la honte.

120 pages • 5,95 €

Du même auteur aux Éditions Jouvence :

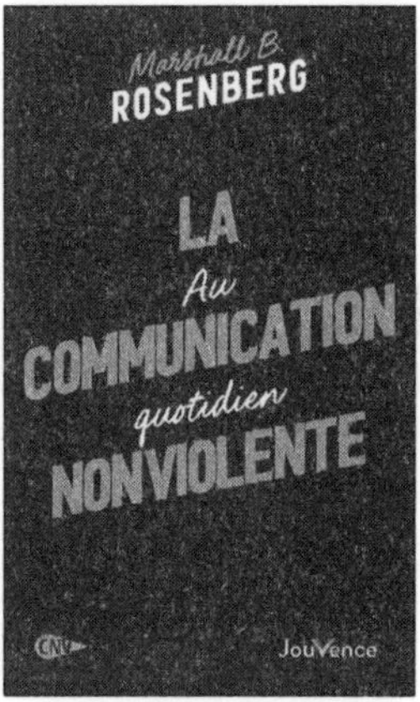

La Communication NonViolente au quotidien

Communiquer, nous le faisons tous constamment et tous les jours. Cependant, peu sont ceux qui connaissent les règles d'une communication respectueuse de soi, de ses besoins, émotions, désirs et sentiments, tout en sachant écouter et respecter l'autre.
Dans ce livre, Marshall B. Rosenberg présente une méthode qui vous permettra en toute circonstances d'accroître la qualité de vos relations et de votre compréhension ; mais aussi et surtout de renforcer le respect de nos différences mutuelles.

120 pages • 5,95 €

Du même auteur aux Éditions Jouvence :

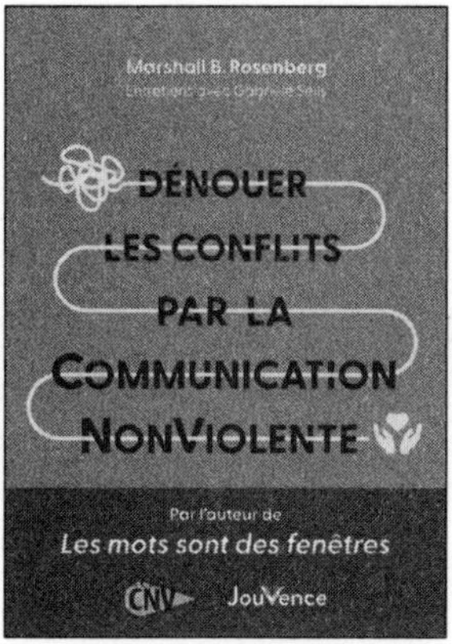

Dénouer les conflits par
la Communication NonViolente

Entretiens avec Gabriele Seils

Pendant plus de 30 ans, Marshall B. Rosenberg a parcouru le monde pour résoudre les conflits violents, qu'ils soient entre nations, entre communautés ou entre personnes. La base de son message est claire : les conflits et la violence surgissent partout où les hommes se sentent restreints dans l'expression de leurs besoins. Car l'être humain n'a pas seulement besoin de nourriture et d'un toit, mais aussi de respect et de valorisation.
Un livre qui intéressera toute personne invitée à résoudre un conflit ou étant elle-même source ou victime du conflit...

256 pages • 19,95 €

Dépôt légal : juin 2024
Achevé d'imprimer en mai 2024
Imprimé en Espagne par CPI Black Print